Impressum
Verlag: BABADADA GmbH, Nedderfeld 112 , 22529 Hamburg
Geschäftsführer / Verlagsleitung: Harald Hof
Druck: Books on Demand GmbH, In de Tarpen 42, 22848 Norderstedt

Imprint
Publisher: BABADADA GmbH, Nedderfeld 112 , 22529 Hamburg, Germany
Managing Director / Publishing direction: Harald Hof
Print: Books on Demand GmbH, In de Tarpen 42, 22848 Norderstedt

l'école
colegio

la salle de classe
aula

diviser
dividir

186/2

le tableau noir
pizarrón

la cour (de récréation)
patio de escuela

le professeur
maestro

le papier
papel

écrire
escribir

le stylo
birome

le bureau
escritorio

la règle
regla

le livre
libro

l'élève
alumno

le cartable

mochila

la trousse

caja de lápices

le crayon

lápiz

le taille-crayon

sacapuntas

la gomme

goma (de borrar)

le carnet à dessin

bloc de dibujo

le dessin

dibujo

le pinceau

pincel

la boîte de peinture

caja de pinturas

les ciseaux

tijera

la colle

pegamento

le cahier d'exercices

cuaderno de ejercicios

les devoirs

tarea

le chiffre

número

additionner

sumar

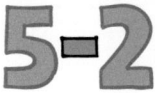

soustraire

restar

multiplier

multiplicar

calculer

calcular

la lettre

letra

l'alphabet

abecedario

le mot

palabra

le texte

texto

lire

leer

la craie

tiza

la leçon

lección

le livre de classe

cuaderno de clase

l'examen

examen

le certificat

certificado

l'uniforme scolaire

uniforme escolar

la formation

educación

le lexique

enciclopedia

l'université

universidad

le microscope

microscopio

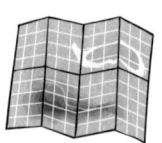

la carte

mapa

la corbeille à papier

tacho (de basura)

le voyage

viaje

l'hôtel
hotel
Grand
l'auberge
hostel
ROOMS
EXCHANGE
le bureau de change
casa de cambio
la valise
valija
la voiture
auto

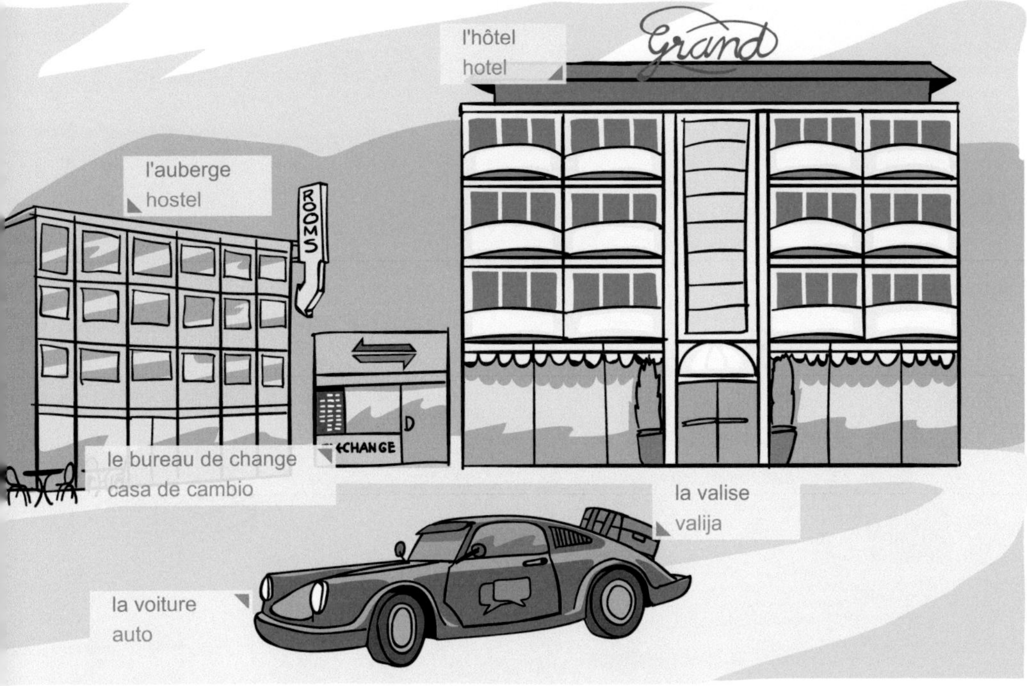

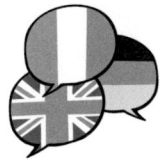

la langue

idioma

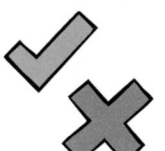

oui / non

sí / no

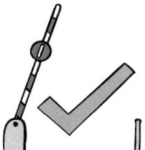

d'accord

Está bien

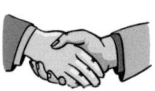

Salut

hola

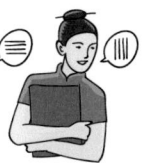

l'interprète

traductor

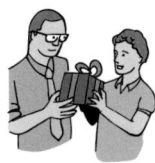

merci

Gracias

Combien coûte...?

¿cuánto cuesta…?

Je ne comprends pas

No entiendo

le problème

problema

Bonsoir !

¡Buenas tardes!

Bonjour !

¡Buenos días!

Bonne nuit !

¡Buenas noches!

Au revoir

adiós

la direction

dirección

les bagages

equipaje

le sac

bolso

le sac-à-dos

mochila

l'hôte

invitado

la pièce

habitación

le sac de couchage

bolsa de dormir

la tente

carpa

l'office de tourisme

información turística

la plage

playa

la carte de crédit

tarjeta de crédito

le petit-déjeuner

desayuno

le déjeuner

almuerzo

le dîner

cena

le billet

pasaje

l'ascenseur

ascensor

le timbre

sello

la frontière

frontera

la douane

aduana

l'ambassade

embajada

le visa

visa

le passeport

pasaporte

le transport
transporte

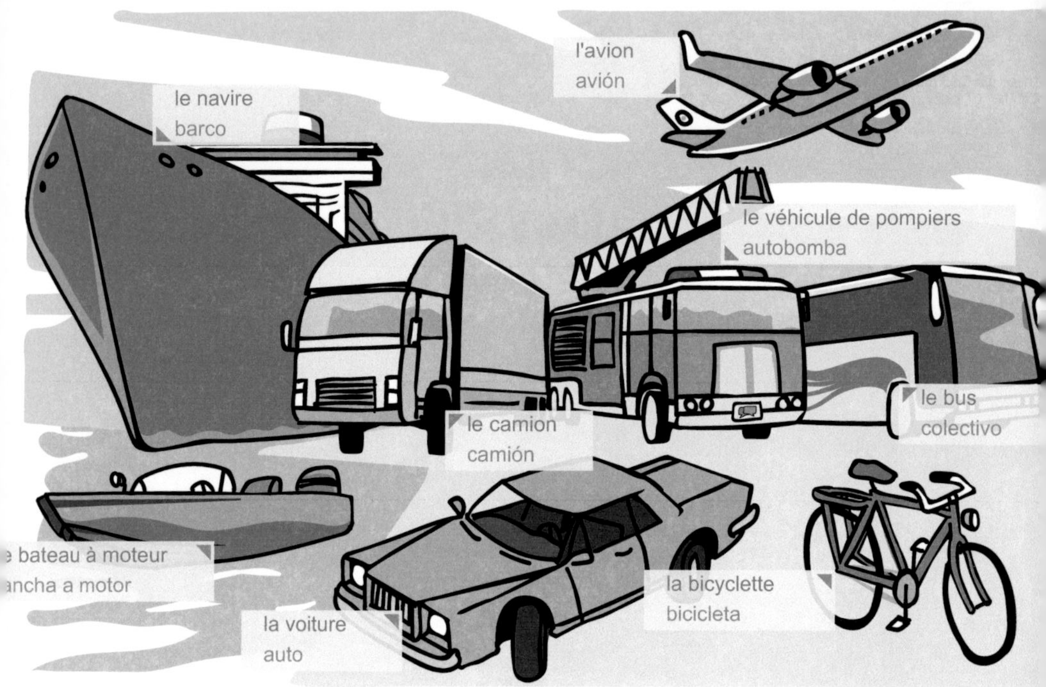

l'avion
avión

le navire
barco

le véhicule de pompiers
autobomba

le bus
colectivo

le camion
camión

le bateau à moteur
lancha a motor

la bicyclette
bicicleta

la voiture
auto

le ferry

ferry

la barque

bote

la moto

moto

la voiture de police

patrullero

la voiture de course

auto de carreras

la voiture de location

auto de alquiler

l'auto-partage

alquiler de autos

la voiture de remorquage

grúa

la benne à ordures

camión de basura

le moteur

motor

l'essence

nafta

la station d'essence

estación de servicio

le panneau indicateur

señal de tránsito

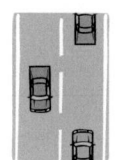

le trafic

tránsito

l'embouteillage

embotellamiento

le parking

estacionamiento

la gare

estación de tren

les rails

vías

le train

tren

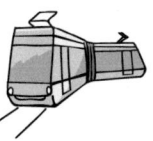

le tramway

tranvía

le wagon

vagón

l'hélicoptère

helicóptero

l'aéroport

aeropuerto

la tour

torre

le passager

pasajero

le conteneur

contenedor

le carton

caja de cartón

le chariot

carretilla

la corbeille

canasta

décoller / atterrir

despegar / aterrizar

la ville
ciudad

le village

pueblo

le centre-ville

centro de ciudad

la maison

casa

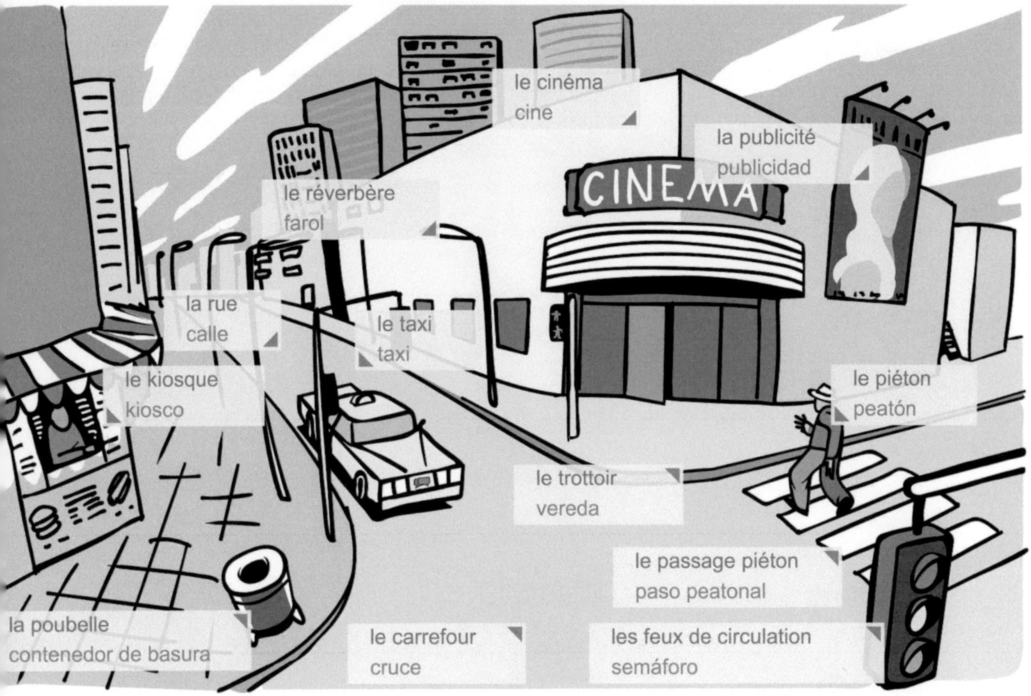

le cinéma
cine
la publicité
publicidad
le réverbère
farol
la rue
calle
le taxi
taxi
le kiosque
kiosco
le piéton
peatón
le trottoir
vereda
le passage piéton
paso peatonal
la poubelle
contenedor de basura
le carrefour
cruce
les feux de circulation
semáforo
CINEMA

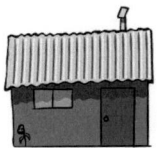

la cabane

cabaña

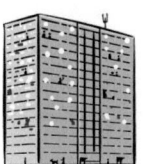

l'appartement

departamento

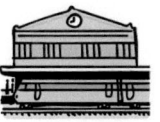

la gare

estación de tren

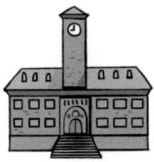

la mairie

municipalidad

MUSEUM

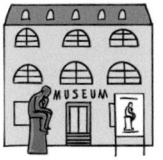

le musée

museo

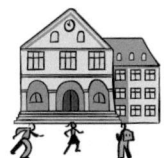

l'école

colegio

l'université

universidad

la banque

banco

l'hôpital

hospital

l'hôtel

hotel

la pharmacie

farmacia

le bureau

oficina

la librairie

librería

le magasin

negocio

le fleuriste

florería

le supermarché

supermercado

le marché

mercado

le grand magasin

grandes tiendas

la poissonnerie

pescadería

le centre commercial

centro comercial

le port

puerto

le parc

parque

la banque

banco

le pont

puente

les escaliers

escaleras

le métro

subte

le tunnel

túnel

l'arrêt de bus

parada del colectivo

le bar

bar

le restaurant

restaurante

la boîte à lettres

buzón

le panneau indicateur

letrero

le parcmètre

parquímetro

le zoo

zoológico

le réverbère

pileta

la mosquée

mezquita

la ferme

granja

la pollution

contaminación

la cimetière

cementerio

l'église

iglesia

l'aire de jeux

juegos infantiles

le temple

templo

le paysage

paisaje

la feuille
hoja

le panneau indicateur
poste indicador

le chemin
camino

le pré
pradera

la pierre
piedra

le randonneur
excursionista

l'arbre
árbol

la rivière
río

l'herbe
hierba

la fleur
flor

la vallée
valle

la montagne
montaña

le lac
lago

la forêt
bosque

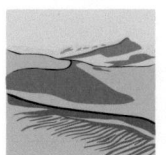

le désert
desierto

le volcan
volcán

le château
castillo

l'arc-en-ciel
arco iris

le champignon
champiñón

le palmier
palmera

le moustique
mosquito

la mouche
mosca

les fourmis
hormiga

l'abeille
abeja

l'araignée
araña

le coléoptère

escarabajo

la grenouille

rana

l'écureuil

ardilla

le hérisson

erizo

le lièvre

liebre

la chouette

lechuza

l'oiseau

pájaro

le cygne

cisne

le sanglier

jabalí

le cerf

ciervo

l'élan

alce

le barrage

presa

l'éolienne

aerogenerador

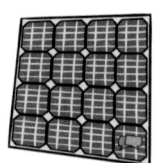

le panneau solaire

panel solar

le climat

clima

le restaurant
restaurante

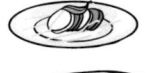

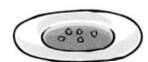

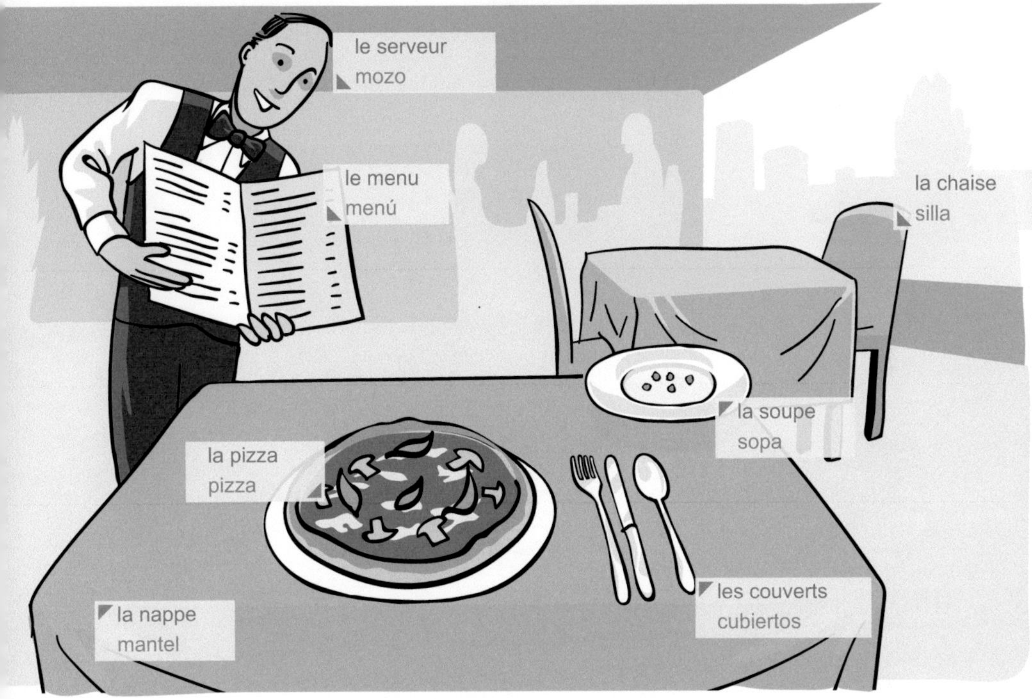
le serveur
mozo
le menu
menú
la chaise
silla
la soupe
sopa
la pizza
pizza
les couverts
cubiertos
la nappe
mantel

les hors d'œuvre

entrada

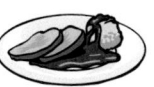

le plat principal

plato principal

le dessert

postre

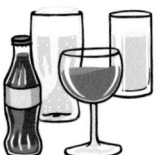

les boissons

bebidas

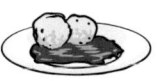

l'alimentation

comida

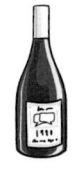

la bouteille

botella

le fast-food

comida rápida

les plats à emporter

comida callejera

la théière

tetera

le sucrier

azucarera

la portion

porción

la machine à expresso

cafetera expreso

la chaise haute

sillita alta

la facture

cuenta

le plateau

bandeja

le couteau

cuchillo

la fourchette

tenedor

la cuillère

cuchara

la cuillère à thé

cucharita

la serviette

servilleta

le verre

vaso

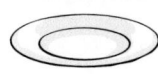

l'assiette

plato

l'assiette à soupe

plato hondo

la soucoupe

plato

la sauce

salsa

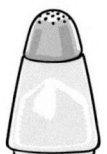

la salière

salero

le moulin à poivre

molinillo de pimienta

le vinaigre

vinagre

l'huile

aceite

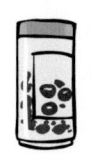

les épices

especias

le ketchup

kétchup

la moutarde

mostaza

la mayonnaise

mayonesa

le supermarché

supermercado

l'offre promotionnelle
oferta especial
FOR
le client
cliente
les produits laitiers
lácteos
les fruits
fruta
le chariot
changuito

BUTCHERS

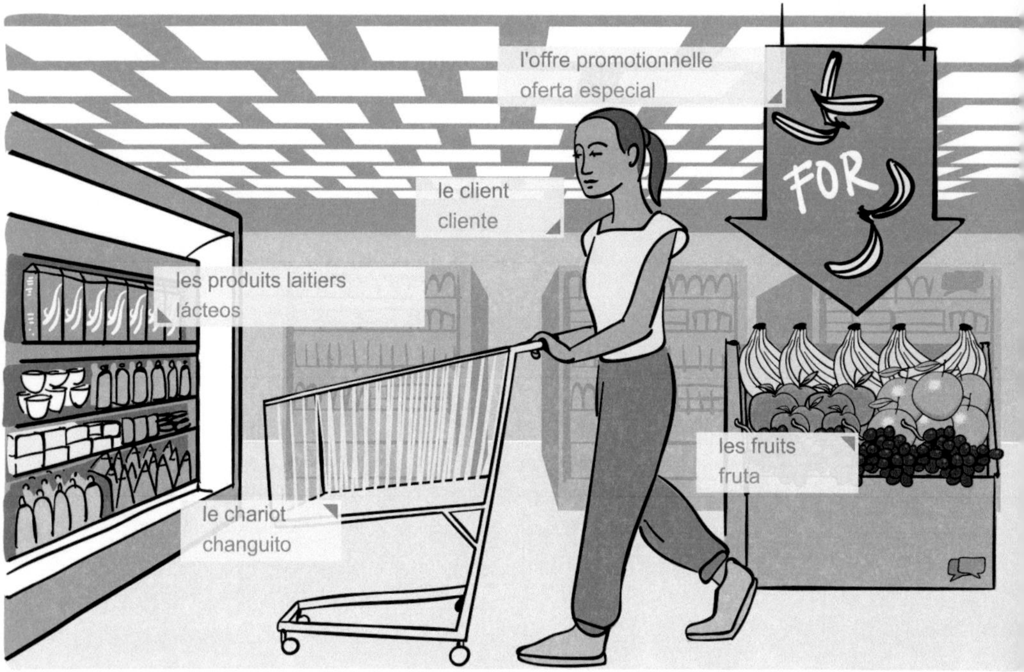

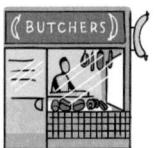

la boucherie

carnicería

BAKERY

la boulangerie

panadería

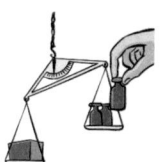

peser

pesar

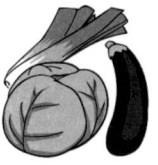

les légumes

verduras

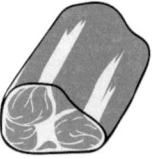

la viande

carne

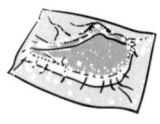

les aliments surgelés

alimentos congelados

la charcuterie

fiambres

les conserves

alimentos enlatados

la poudre à lessive

detergente en polvo

les bonbons

golosinas

les articles ménagers

electrodomésticos

les détergents

productos de limpieza

la vendeuse

vendedora

la caisse

caja

le caissier

cajero

la liste d'achats

lista de compras

les heures d'ouverture

horario de atención

le portefeuille

billetera

la carte de crédit

tarjeta de crédito

le sac

cartera

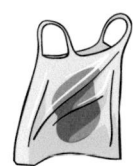

le sac en plastique

bolsa de plástico

l'eau

agua

le jus de fruit

jugo

le lait

leche

le coca

bebida cola

le vin

vino

la bière

cerveza

l'alcool

alcohol

le chocolat chaud

cacao

le thé

té

le café

café

l'expresso

café expreso

le cappuccino

cappuccino

la banane

banana

la pomme

manzana

l'orange

naranja

le melon

melón

le citron.

limón

la carotte

zanahoria

l'ail

ajo

le bambou

bambú

l'oignon

cebolla

le champignon

champiñón

les noisettes

nueces

les pâtes

fideos

les spaghetti

tallarines

le riz

arroz

la salade

ensalada

les pommes frites

papas fritas

les pommes de terre rôties

papas fritas

la pizza

pizza

le hamburger

hamburguesa

le sandwich

sándwich

l'escalope

churrasco

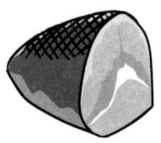

le jambon

jamón

le salami

salame

la saucisse

salchicha

le poulet

pollo

le rôti

asado

le poisson

pescado

les flocons d'avoine

copos de avena

le muesli

muesli

les cornflakes

copos de maíz

la farine

harina

le croissant

medialuna

les petits-pains

pancito

le pain

pan

le pain grillé

tostada

les biscuits

galletitas

le beurre

manteca

le fromage blanc

cuajada

le gâteau

torta

l'œuf

huevo

l'œuf au plat

huevo frito

le fromage

queso

la glace

helado

le sucre

azúcar

le miel

miel

la confiture

mermelada

la crème nougat

pasta de chocolate

le curry

curry

la ferme
granja

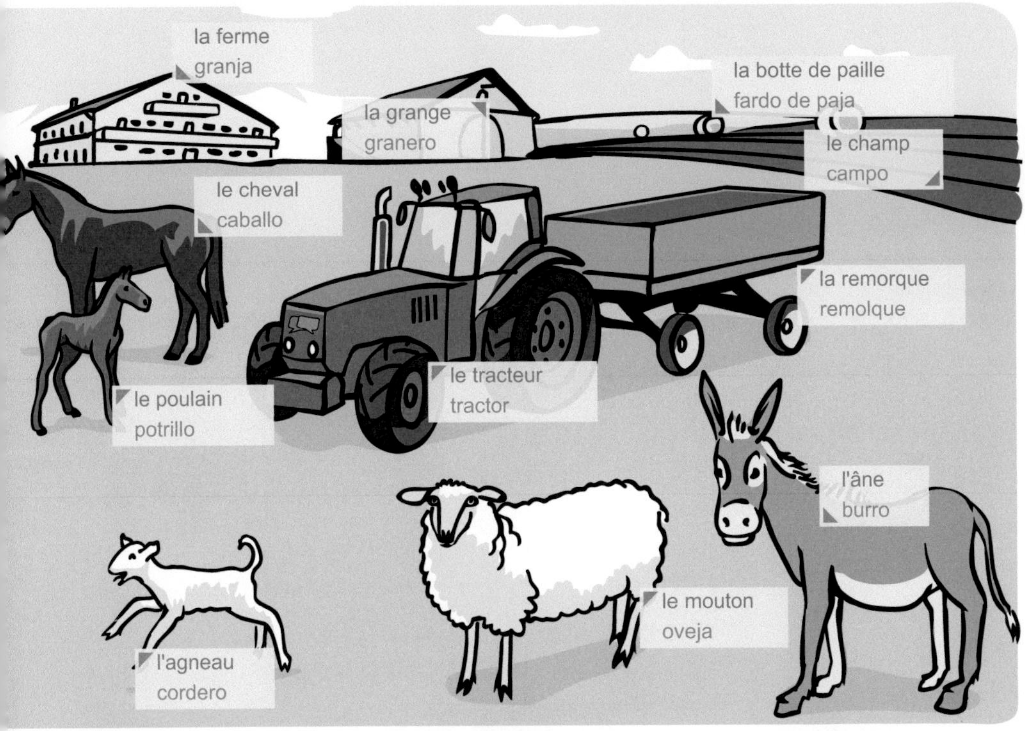

la ferme
granja
la grange
granero
la botte de paille
fardo de paja
le champ
campo
le cheval
caballo
la remorque
remolque
le tracteur
tractor
le poulain
potrillo
l'âne
burro
le mouton
oveja
l'agneau
cordero

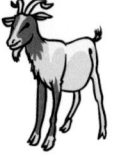

la chèvre

cabra

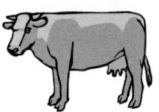

la vache

vaca

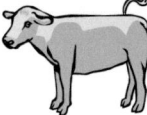

le veau

ternero

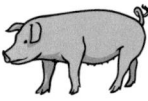

le porc

cerdo

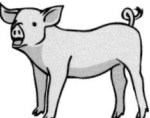

le porcelet

lechón

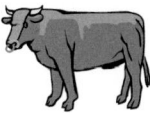

le taureau

toro

l'oie

ganso

le canard

pato

le poussin

pollo

la poule

gallina

le coq

gallo

le rat

rata

le chat

gato

la souris

ratón

le bœuf

buey

le chien

perro

le chenil

cucha

le tuyau de jardin

manguera

l'arrosoir

regadera

la faucheuse

guadaña

la charrue

arado

la faucille

hoz

la pioche

azada

la fourche

horquilla

la hache

hacha

la brouette

carretilla

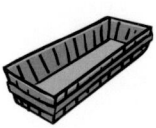

la cuve

abrevadero

le pot à lait

lechera

le sac

bolsa

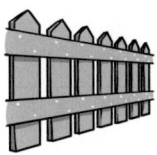

la clôture

reja

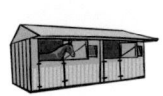

l'étable

establo

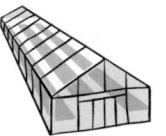

le serre

invernadero

le sol

suelo

les semences

semilla

l'engrais

fertilizador

la moissonneuse-batteuse

cosechadora

récolter

cosechar

la récolte

cosecha

l'igname

batatas

le blé

trigo

le soja

soja

la pomme de terre

papa

le maïs

maíz

le colza

semilla de colza

l'arbre fruitier

árbol frutal

le manioc

mandioca

les céréales

cereales

la maison

casa

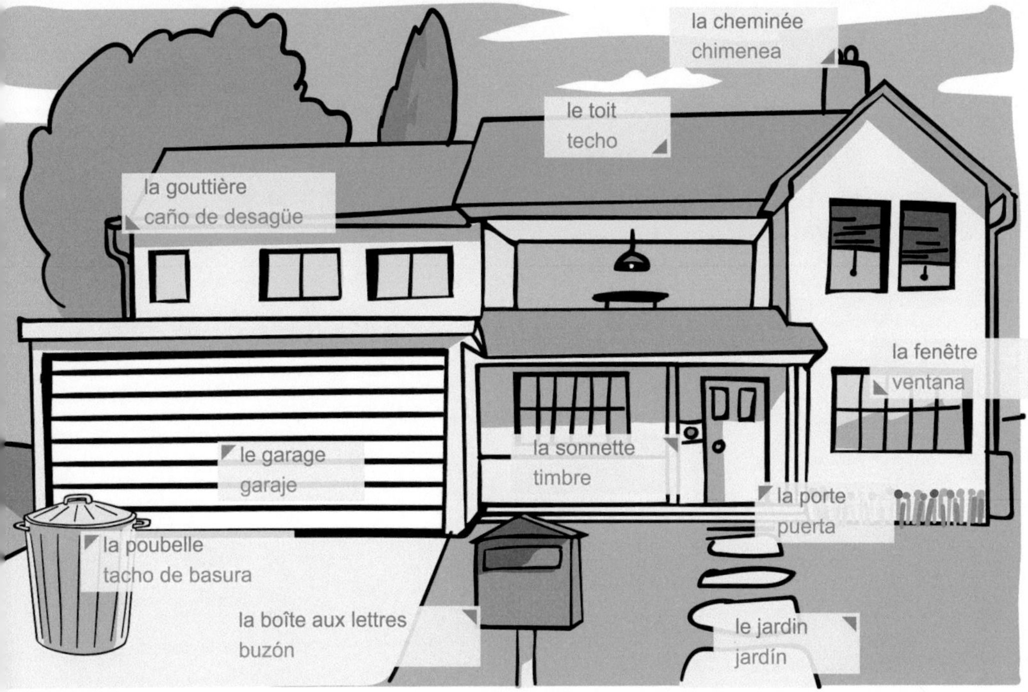

la cheminée
chimenea
le toit
techo
la gouttière
caño de desagüe
la fenêtre
ventana
le garage
garaje
la sonnette
timbre
la porte
puerta
la poubelle
tacho de basura
la boîte aux lettres
buzón
le jardin
jardín

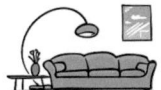

le salon

living

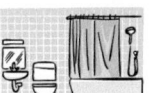

la salle de bain

baño

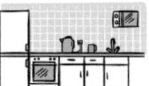

la cuisine

cocina

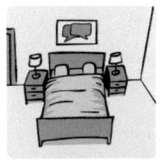

la chambre à coucher

dormitorio

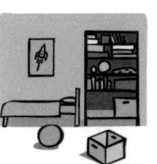

la chambre d'enfant

cuarto de los chicos

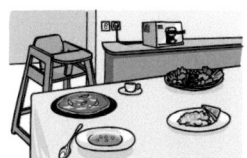

la salle à manger

comedor

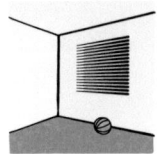

le sol

piso

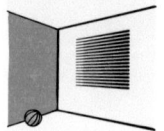

le mur

pared

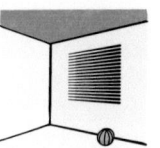

le plafond

cielorraso

la cave

sótano

le sauna

sauna

le balcon

balcón

la terrasse

terraza

la piscine

pileta

la tondeuse à gazon

cortadora de pasto

la housse

sábana

la couette

acolchado

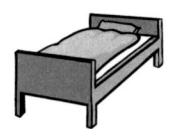

le lit

cama

le balai

escoba

le sceau

balde

l'interrupteur

interruptor

le salon
living

le papier peint
empapelado
l'image
imagen
la lampe
lámpara
l'étagère
estante
l'armoire
armario
la télé
televisión
la cheminée
chimenea
la fleur
flor
le coussin
almohadón
le sofa
sofá
le vase
florero
la télécommande
control remoto

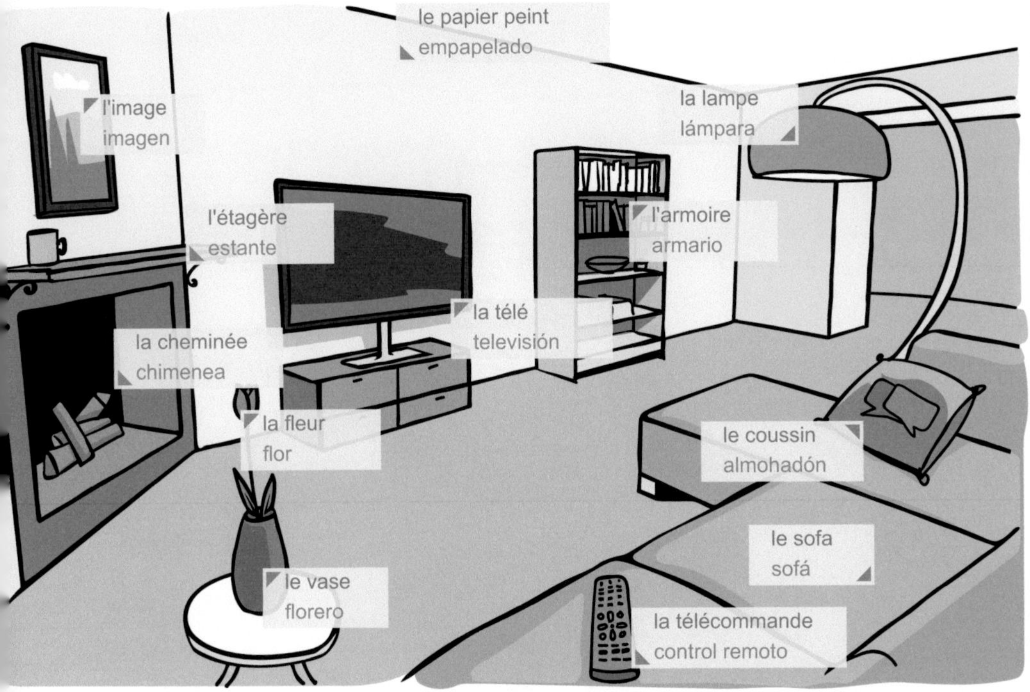

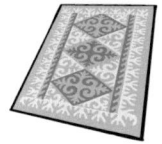

le tapis

alfombra

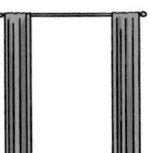

le rideau

cortina

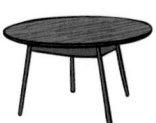

la table

mesa

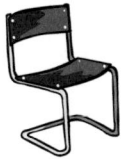

la chaise

silla

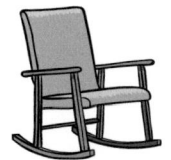

la chaise à bascule

mecedora

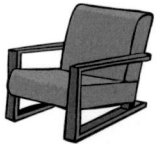

le fauteuil

sillón

le livre

libro

la couverture

frazada

la décoration

decoración

le bois de chauffage

leña

le film

película

la chaîne hi-fi

equipo de música

la clé

llave

le journal

diario

la peinture

pintura

le poster

póster

la radio

radio

le bloc-notes

cuaderno

l'aspirateur

aspiradora

le cactus

cactus

la bougie

vela

la cuisine
cocina

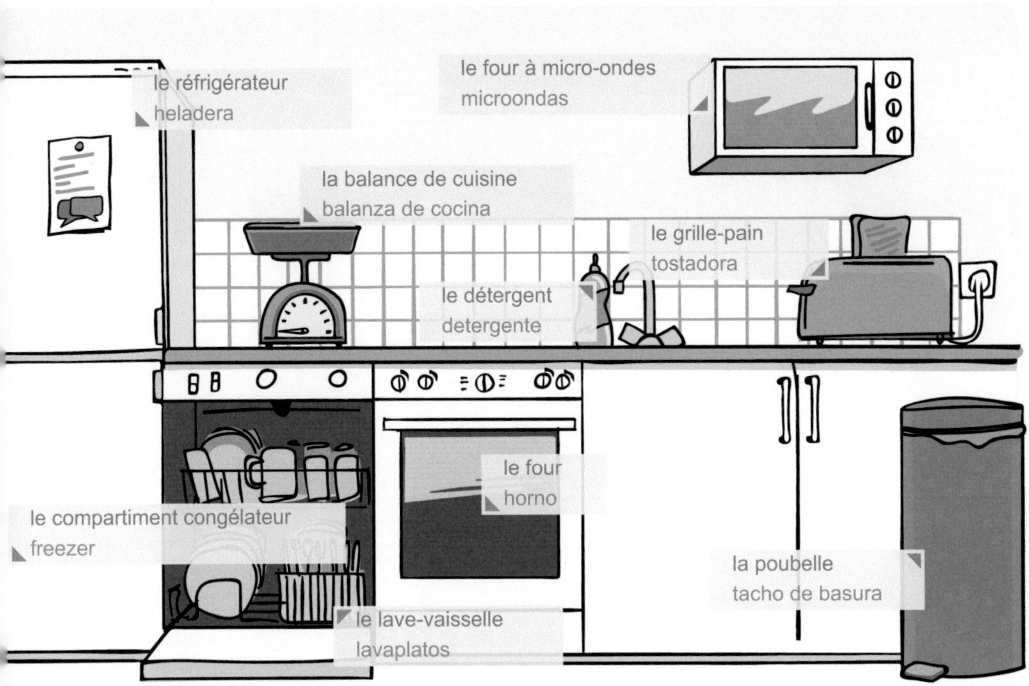
le réfrigérateur
heladera
le four à micro-ondes
microondas
la balance de cuisine
balanza de cocina
le grille-pain
tostadora
le détergent
detergente
le four
horno
le compartiment congélateur
freezer
la poubelle
tacho de basura
le lave-vaisselle
lavaplatos

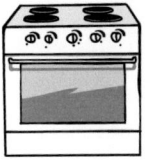

le four

cocina

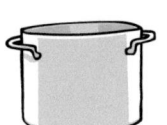

la casserole

olla

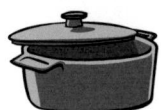

la marmite

olla de hierro fundido

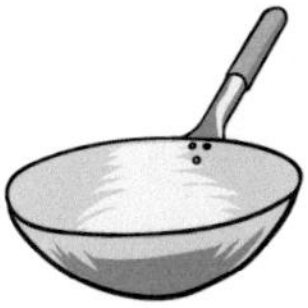

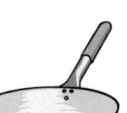

le wok / kadai

wok

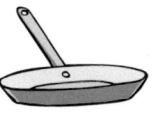

la poêle

sartén

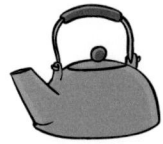

la bouilloire electrique

pava

le cuiseur vapeur

vaporera

la plaque de cuisson

bandeja de horno

la vaisselle

vajilla

le gobelet

taza

la coupe

bol

les baguettes

palitos

la louche

cucharón

la spatule

estpátula

le fouet

batidora

la passoire

colador

le tamis

colador

la râpe

rallador

le mortier

mortero

le barbecue

parrilla

la cheminée

fogata

la planche à découper

tabla de picar

le rouleau à pâtisserie

palo de amasar

le tire-bouchon

sacacorchos

la boîte

lata

l'ouvre-boîte

abrelatas

les maniques

manopla

le lavabo

pileta

la brosse

cepillo

l'éponge

esponja

le mixeur

batidora

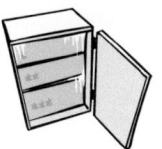

le congélateur

congelador

le biberon

mamadera

le robinet

canilla

la salle de bain

baño

le chauffage
calefacción
la douche
ducha
la serviette
toalla
le rideau de douche
cortina de ducha
le bain moussant
baño de espuma
la baignoire
bañadera
le verre
vaso
la machine à laver
lavarropas
le robinet
canilla
le carrelage
baldosas
le pot
pelela
le lavabo
pileta

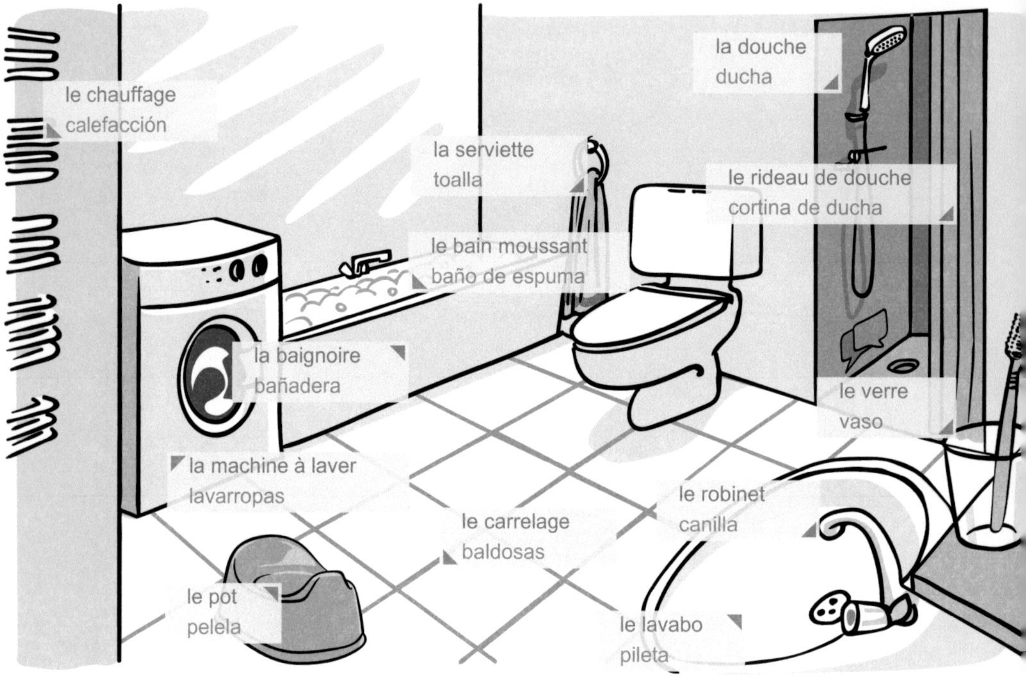

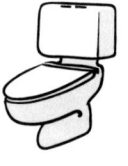

les toilettes

inodoro

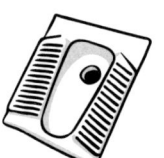

la toilette à la turque

letrina

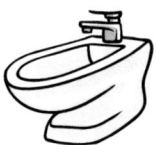

le bidet

bidé

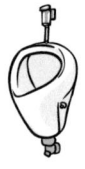

l'urinoir

mingitorio

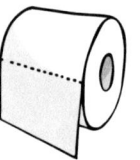

le papier toilette

papel higiénico

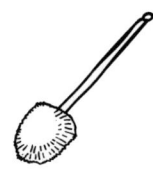

la brosse à toilette

cepillo para el inodoro

la brosse à dents

cepillo de dientes

le dentifrice

dentífrico

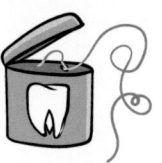

le fil dentaire

hilo dental

laver

lavar

la douche manuelle

ducha de mano

la douche intime

ducha higiénica

la vasque

palangana

la brosse dorsale

cepillo para espalda

le savon

jabón

le gel douche

gel de ducha

le shampooing

shampoo

le gant de toilette

toallita

l'écoulement

desagüe

la crème

crema

le déodorant

desodorante

le miroir

espejo

le miroir cosmétique

espejito

le rasoir

maquinita de afeitar

la mousse à raser

espuma de afeitar

l'après-rasage

aftershave

la peigne

peine

la brosse

cepillo

le sèche-cheveux

secador de pelo

la laque pour cheveux

spray

le fond de teint

maquillaje

le rouge à lèvres

lápiz de labios

le vernis à ongles

esmalte para uñas

l'ouate

algodón

le coupe-ongles

tijera para uñas

le parfum

perfume

la trousse de toilette

portacosméticos

le tabouret

banqueta

le pèse-personne

balanza

le peignoir

bata

les gants de nettoyage

guantes de goma

le tampon

tampón

les serviettes hygiéniques

toallita femenina

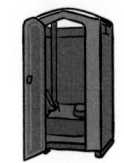

la toilette chimique

baño químico

la chambre d'enfant

cuarto de los chicos

le réveil
despertador
le doudou
peluche
la voiture jouet
coche de juguete
le hochet
sonajero
la maison de poupée
casa de muñecas
le cadeau
regalo

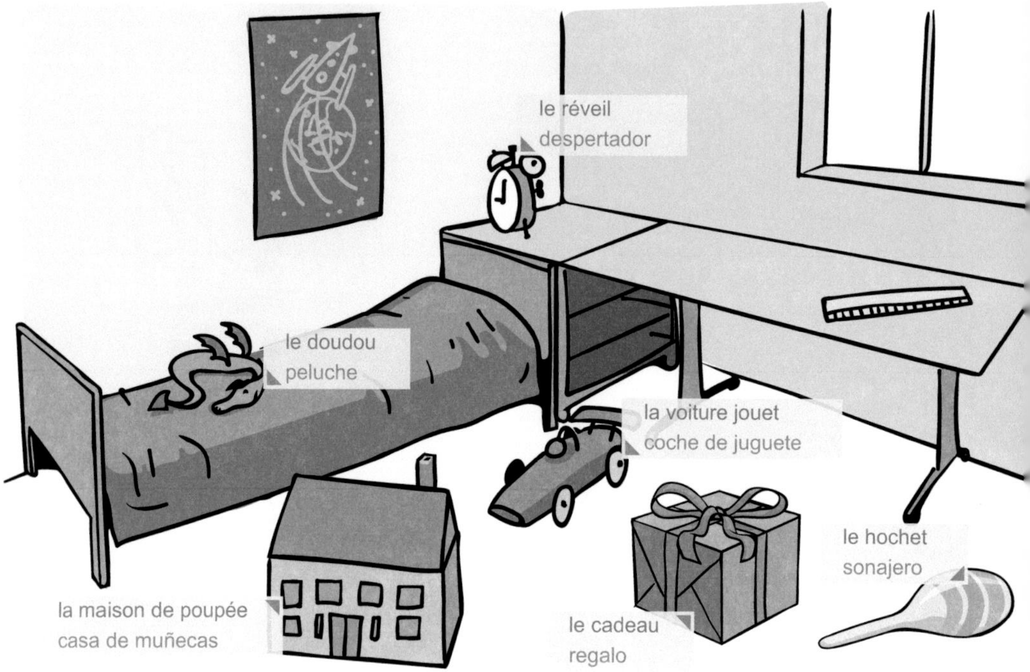

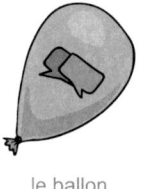

le ballon

globo

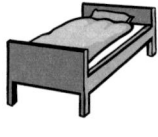

le lit

cama

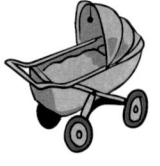

la poussette

cochecito

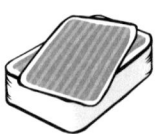

le jeu de cartes

cartas

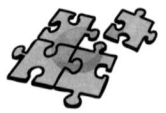

le puzzle

rompecabezas

SUPER MEGA

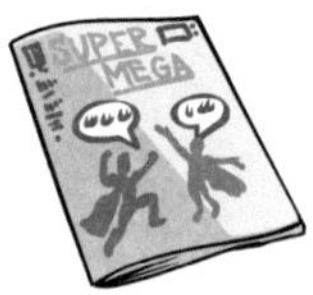

la bande dessinée

historieta

les pièces lego

piezas de lego

les blocs de construction

ladrillos de juguete

la figurine

figura de acción

la grenouillère

enterito (de bebé)

le frisbee

frisbee

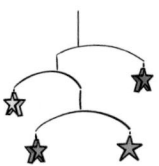

le mobile

móvil para bebés

le jeu de société

juego de mesa

le dé

dados

le train miniature

tren eléctrico

la sucette

chupete

la fête

fiesta

le livre d'images

libro de cuentos ilustrado

la balle

pelota

la poupée

muñeca

jouer

jugar

le bac à sable

arenero

la balançoire

hamaca

les jouets

juguetes

la console de jeu

consola de videojuegos

le tricycle

triciclo

l'ours en peluche

osito de peluche

l'armoire

armario

les vêtements

ropa

les chaussettes

medias

les bas

medias panty

le collant

calzas

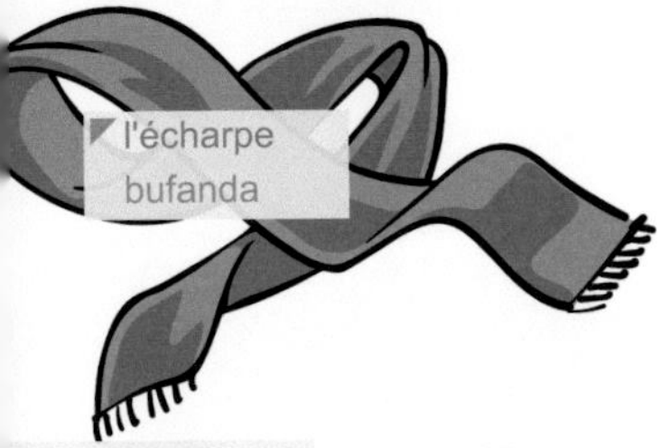

l'écharpe
bufanda

le parapluie
paraguas

le t-shirt
remera

la ceinture
cinturón

les bottes
botas

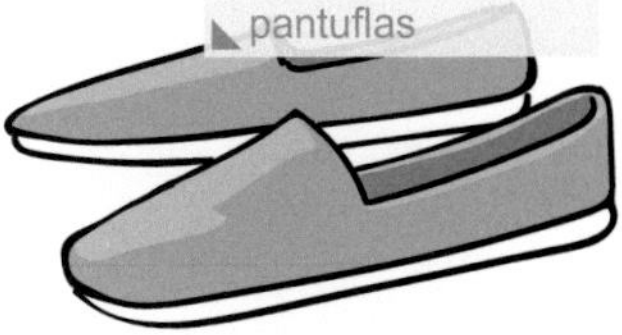

les pantoufles
pantuflas

les baskets
zapatillas

les sandales

sandalias

les chaussures

zapatos

les bottes de caoutchouc

botas de goma

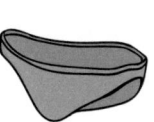

les sous-vêtements

ropa interior

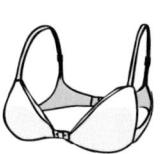

le soutien-gorge

corpiño

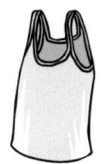

le maillot de corps

chaleco

le body

body

le pantalon

pantalones

le jean

jeans

la jupe

pollera

le chemisier

blusa

la chemise

camisa

le pull

pulóver

le sweat à capuche

buzo

la veste

blazer

la veste

campera

le manteau

tapado

l'imperméable

piloto

le costume

traje

la robe

vestido

la robe de mariée

vestido de novia

le costume

traje

la chemise de nuit

camisón

le pyjama

pijama

le sari

sari

le foulard

pañuelo para cabeza

le turban

turbante

la burqa

burka

le caftan

caftán

l'abaya

abaya

le maillot de bain

traje de baño

le maillot de bain

short de baño

le short

shorts

la tenue d'entraînement

jogging

le tablier

delantal

les gants

guantes

le bouton

botón

les lunettes

anteojos

le bracelet

pulsera

le collier

collar

la bague

anillo

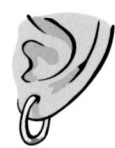

la boucle d'oreille

aro

le bonnet

gorra

le cintre

percha

le chapeau

sombrero

la cravate

corbata

la fermeture éclair

cierre

le casque

casco

les bretelles

tiradores

l'uniforme scolaire

uniforme escolar

l'uniforme

uniforme

le bavoir

babero

la sucette

chupete

la lange

pañal

le bureau
oficina

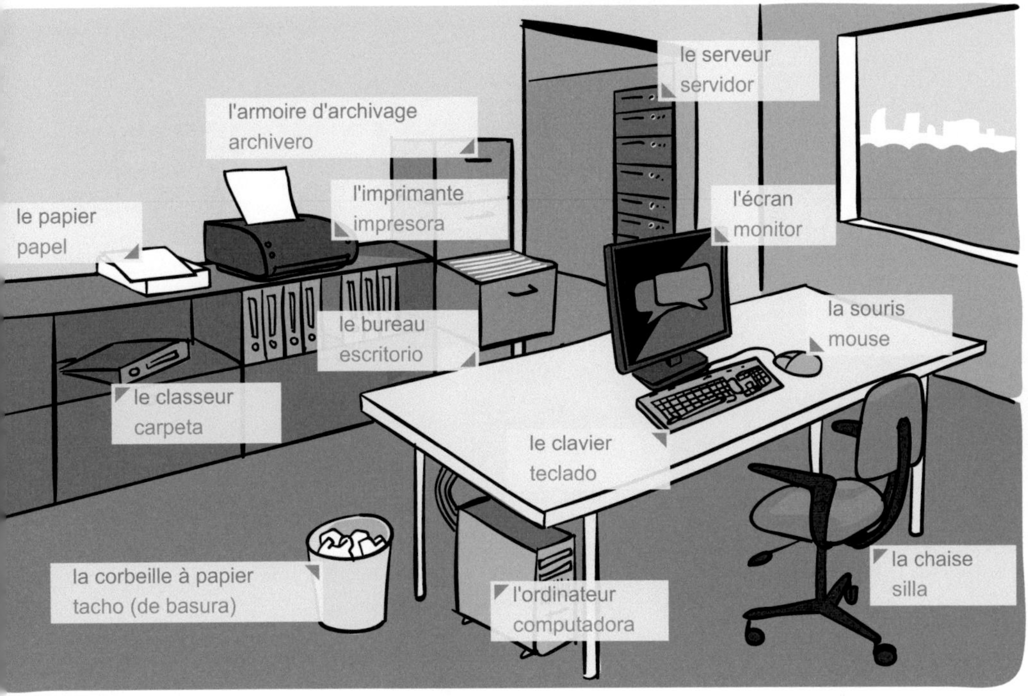

le serveur
servidor

l'armoire d'archivage
archivero

l'imprimante
impresora

l'écran
monitor

le papier
papel

la souris
mouse

le bureau
escritorio

le classeur
carpeta

le clavier
teclado

la corbeille à papier
tacho (de basura)

la chaise
silla

l'ordinateur
computadora

la tasse de café

taza de café

la calculatrice

calculadora

l'internet

internet

l'ordinateur portable

laptop

la lettre

carta

le message

mensaje

le portable

celular

le réseau

red

la photocopieuse

fotocopiadora

le logiciel

software

le téléphone

teléfono

la prise

tomacorriente

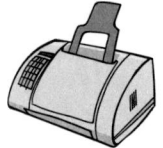

le fax

fax

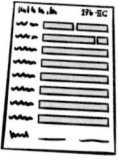

le formulaire

formulario

le document

documento

acheter

comprar

payer

pagar

faire du commerce

hacer negocios

la monnaie

dinero

le dollar

dólar

l'euro

euro

le yen

yen

le rouble

rublo

le franc suisse

franco suizo

le renminbi yuan

yuan

la roupie

rupia

le distributeur automatique

cajero automático

le bureau de change

casa de cambio

l'or

oro

l'argent

plata

le pétrole

petróleo

l'énergie

energía

le prix

precio

le contrat

contrato

la taxe

impuesto

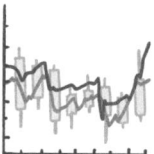

l'action

acción

travailler

trabajar

l'employé

empleado

l'employeur

empleador

l'usine

fábrica

le magasin

negocio

les professions
ocupaciones

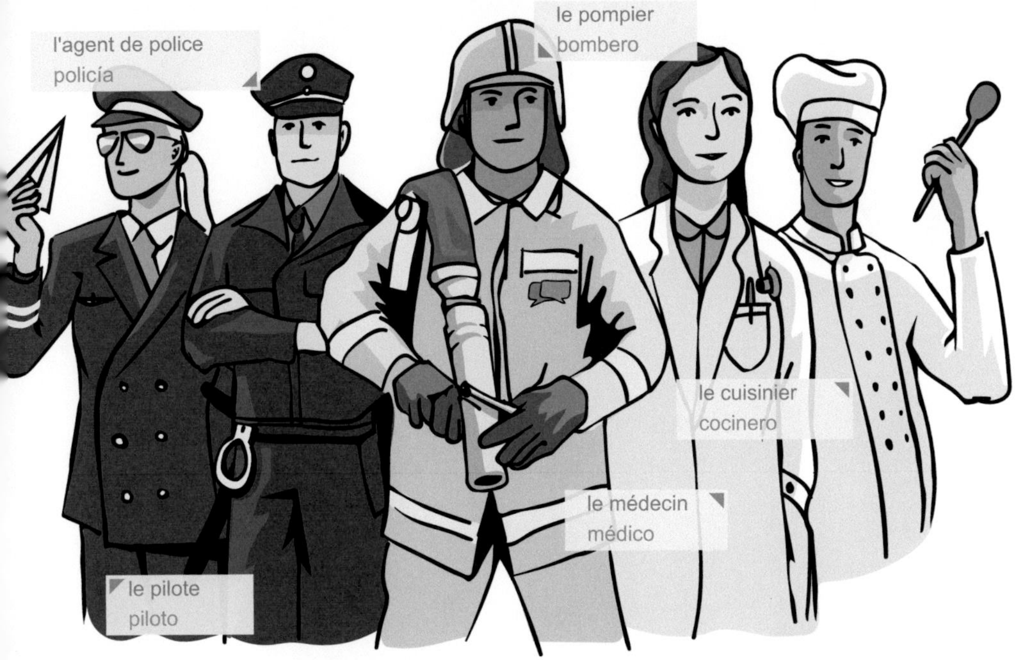
l'agent de police
policía
le pompier
bombero
le cuisinier
cocinero
le médecin
médico
le pilote
piloto

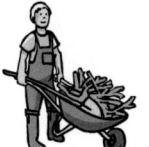

le jardinier

jardinero

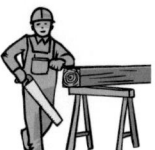

le menuisier

carpintero

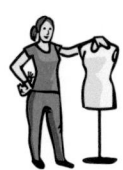

la couturière

modista

le juge

juez

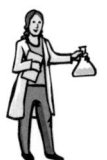

le chimiste

farmacéutico

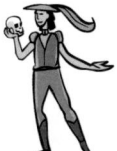

l'acteur

actor

le conducteur de bus

colectivero

le chauffeur de taxi

taxista

le pêcheur

pescador

la femme de ménage

mucama

le couvreur

techista

le serveur

mozo

le chasseur

cazador

le peintre

pintor

le boulanger

panadero

l'électricien

electricista

l'ouvrier

albañil

l'ingénieur

ingeniero

le boucher

carnicero

le plombier

plomero

le facteur

cartero

le soldat

soldado

l'architecte

arquitecto

le caissier

cajero

le fleuriste

florista

le coiffeur

peluquero

le contrôleur

cobrador

le mécanicien

mecánico

le capitaine

capitán

le dentiste

dentista

le scientifique

científico

le rabbin

rabino

l'imam

imán

le moine

monje

le prêtre

sacerdote

les outils
herramientas

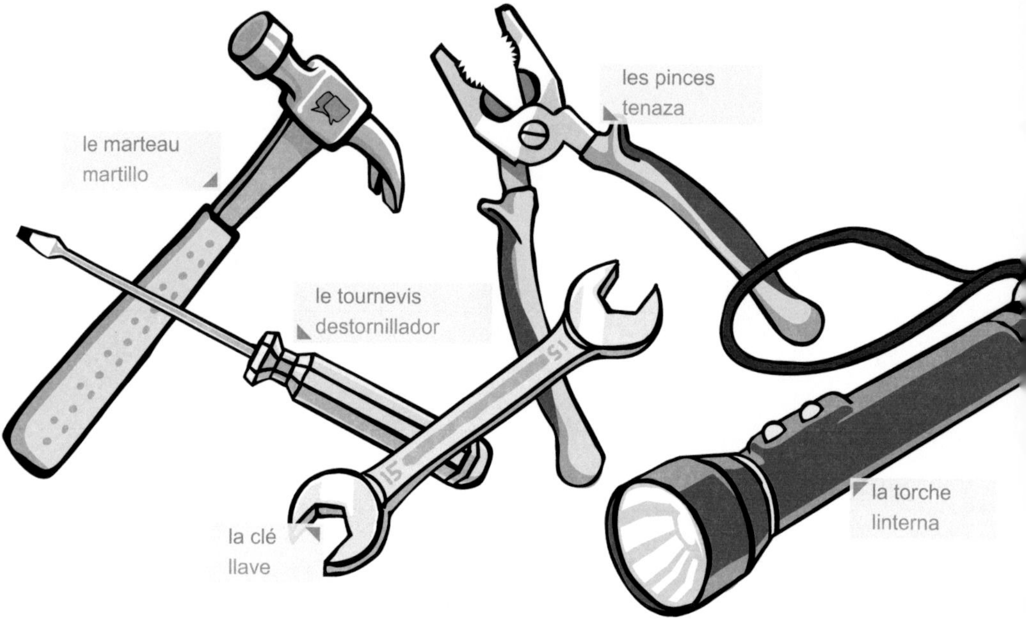

le marteau
martillo

les pinces
tenaza

le tournevis
destornillador

la torche
linterna

la clé
llave

la pelleteuse

excavadora

la boîte à outils

caja de herramientas

l'échelle

escalera portátil

la scie

sierra

les clous

clavos

la perceuse

taladro

réparer

arreglar

la pelle

pala de jardín

Mince !

¡Qué bronca!

la pelle

pala de plástico

le pot de peinture

tacho de pintura

les vis

tornillos

les instruments de musique
instrumentos musicales

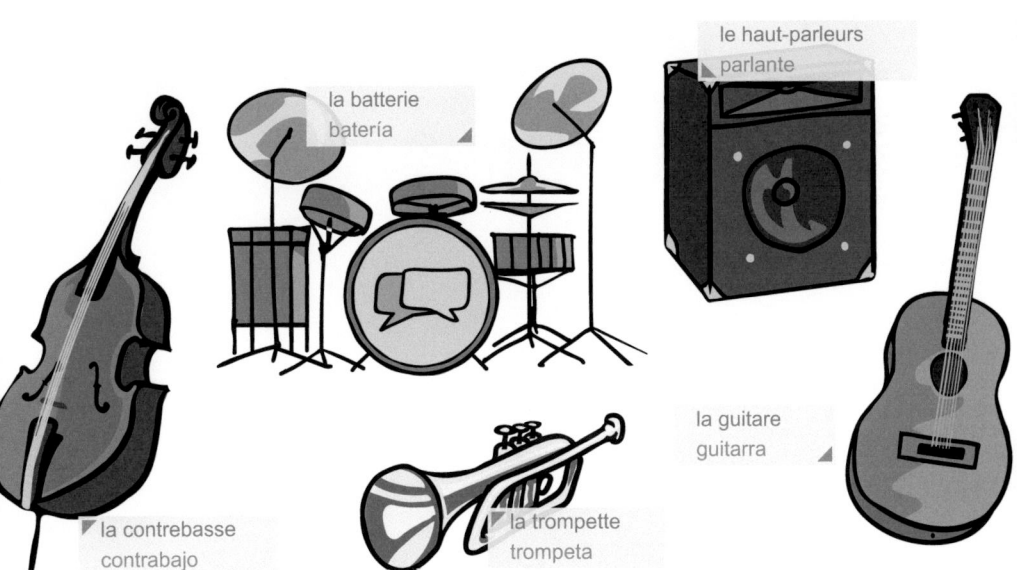

la batterie
batería

le haut-parleurs
parlante

la guitare
guitarra

la contrebasse
contrabajo

la trompette
trompeta

le piano

piano

le violon

violín

la basse

bajo

les timbales

timbales

le tambour

tambor

le piano électrique

teclado

le saxophone

saxofón

la flûte

flauta

le microphone

micrófono

le tigre
tigre

l'entrée
entrada

la cage
jaula

le zèbre
cebra

l'alimentation animale
alimento para animales

le panda
oso panda

les animaux

animales

l'éléphant

elefante

le kangourou

canguro

le rhinocéros

rinoceronte

le gorille

gorila

l'ours

oso

le chameau

camello

l'autruche

avestruz

le lion

león

le singe

mono

le flamand rose

flamenco

le perroquet

loro

l'ours polaire

oso polar

le pingouin

pingüino

le requin

tiburón

le paon

pavo real

le serpent

serpiente

le crocodile

cocodrilo

le gardien de zoo

cuidador del zoológico

le phoque

foca

le jaguar

jaguar

le poney

poni

le léopard

leopardo

l'hippopotame

hipopótamo

la girafe

jirafa

l'aigle

águila

le sanglier

jabalí

le poisson

pescado

la tortue

tortuga

le morse

morsa

le renard

zorro

la gazelle

gacela

l'american Football
fútbol americano

le cyclisme
ciclismo

le tennis
tenis

le basket-ball
básquet

la natation
natación

la boxe
boxeo

le hockey sur glace
hockey sobre hielo

le football

fútbol

le badminton

bádminton

l'athlétisme

atletismo

le handball

handball

le ski

esquí

le polo

polo

les activités
actividades

sauter
saltar
embrasser
abrazar
rire
reír
marcher
caminar
chanter
cantar
rêver
soñar
prier
rezar
faire la bise
besar

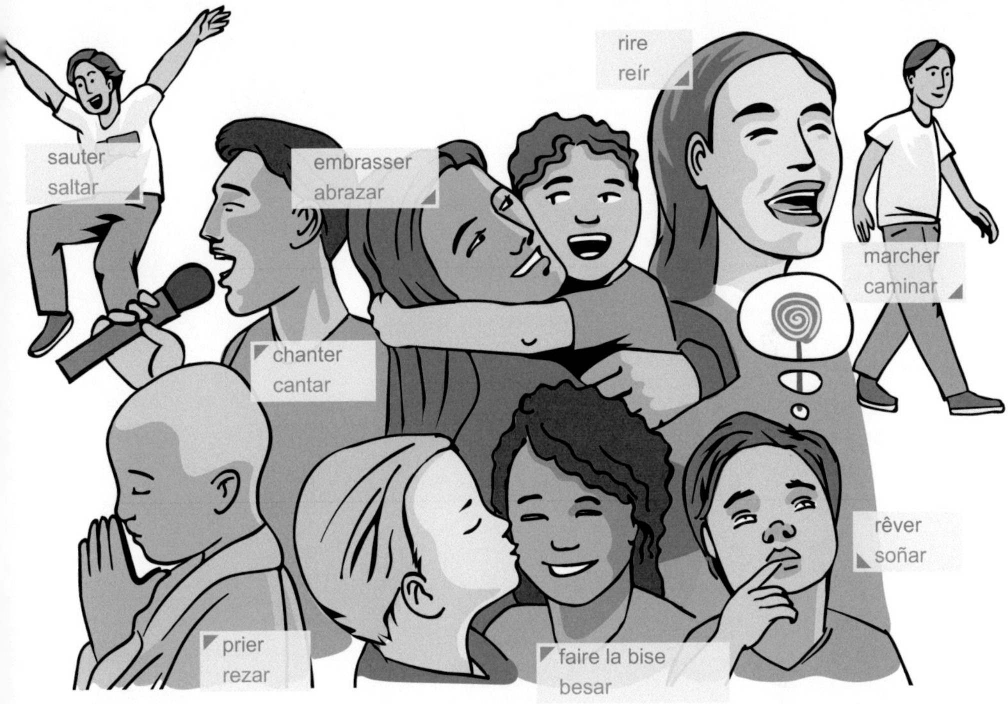

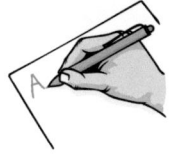

écrire

escribir

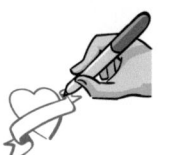

dessiner

dibujar

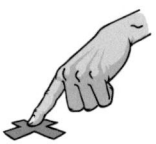

montrer

mostrar

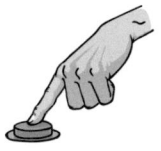

pousser

presionar

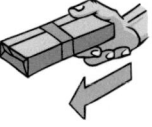

donner

dar

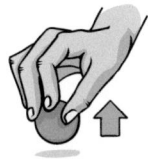

prendre

tomar

avoir

tener

faire

hacer

être

ser

être debout

estar parado

courir

correr

trier

tirar

jeter

tirar

tomber

caer

être couché

estar acostado

attendre

esperar

porter

llevar

être assis

estar sentado

s'habiller

vestirse

dormir

dormir

se réveiller

despertar

regarder

mirar

pleurer

llorar

caresser

acariciar

peigner

peinar

parler

hablar

comprendre

entender

demander

preguntar

écouter

escuchar

boire

beber

manger

comer

ranger

ordenar

aimer

amar

cuire

cocinar

conduire

manejar

voler

volar

les activités - actividades

faire de la voile

navegar

calculer

calcular

lire

leer

apprendre

aprender

travailler

trabajar

se marier

casarse

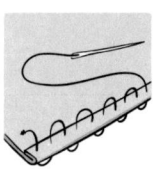

coudre

coser

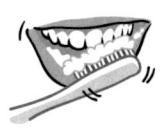

brosser les dents

cepillarse los dientes

tuer

matar

fumer

fumar

envoyer

enviar

la grand-mère
abuela

le grand-père
abuelo

le père
padre

la mère
madre

le bébé
bebé

la fille
hija

le fils
hijo

l'hôte

invitado

la tante

tía

l'oncle

tío

le frère

hermano

la sœur

hermana

le corps
cuerpo

le front
frente
l'œil
ojo
l'épaule
hombro
le doigt
dedo
le visage
cara
le menton
pera
la main
mano
la jambe
pierna
la poitrine
pecho
le bras
brazo

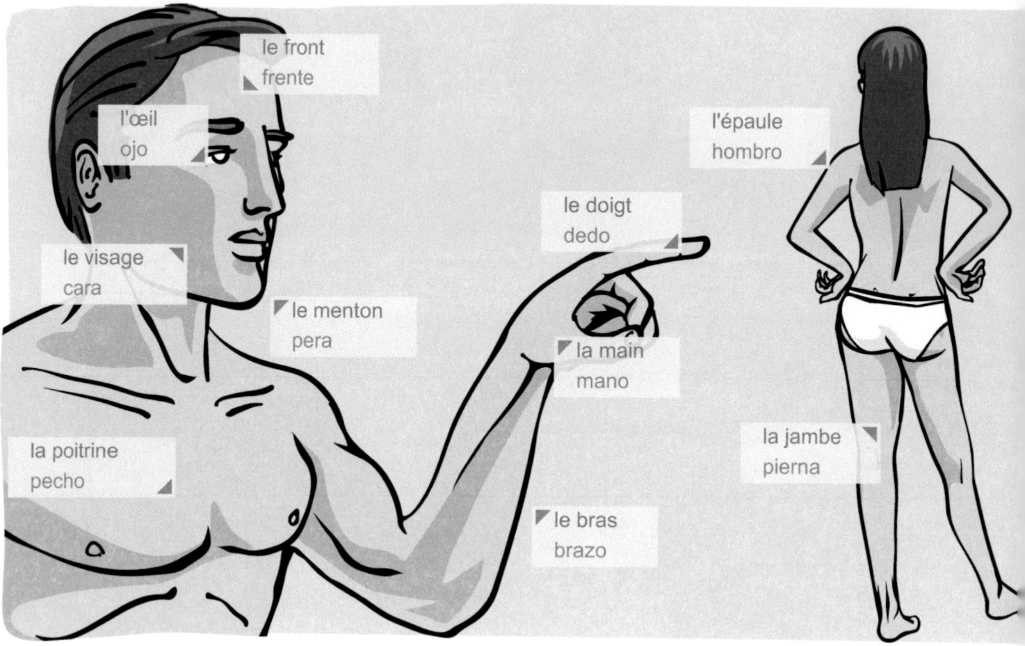

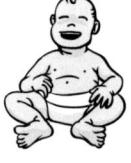

le bébé

bebé

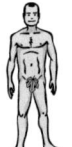

l'homme

hombre

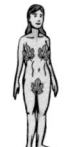

la femme

mujer

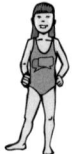

la fille

nena

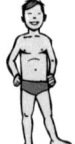

le garçon

nene

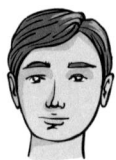

la tête

cabeza

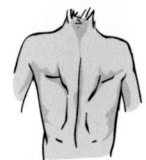

le dos

espalda

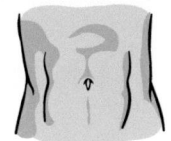

le ventre

panza

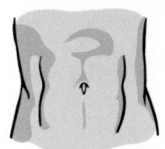

le nombril

ombligo

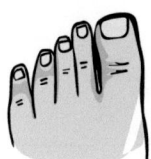

l'orteil

dedo del pie

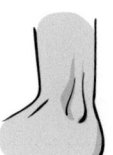

le talon

talón

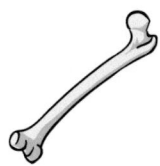

l'os

hueso

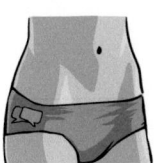

la hanche

cadera

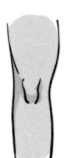

le genou

rodilla

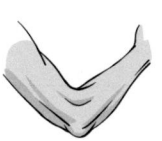

le coude

codo

le nez

nariz

les fesses

cola

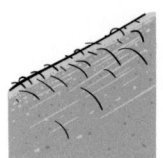

la peau

piel

la joue

cachete

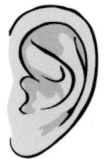

l'oreille

oreja

la lèvre

labio

la bouche

boca

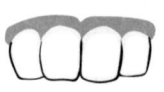

la dent

diente

la langue

lengua

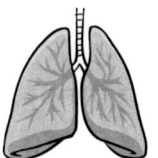

le cerveau

cerebro

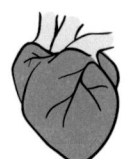

le cœur

corazón

le muscle

músculo

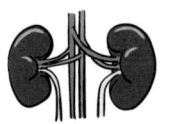

les poumons

pulmón

le foie

hígado

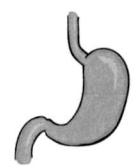

l'estomac

estómago

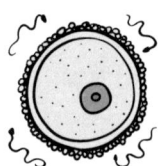

les reins

riñones

le rapport sexuel

sexo

le préservatif

preservativo

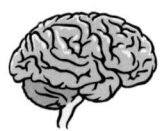

l'ovule

óvulo

le sperme

semen

la grossesse

embarazo

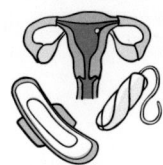

la menstruation

menstruación

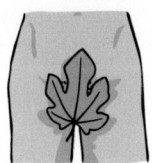

le vagin

vagina

le pénis

pene

le sourcil

ceja

les cheveux

pelo

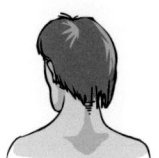

le cou

cuello

l'hôpital
hospital

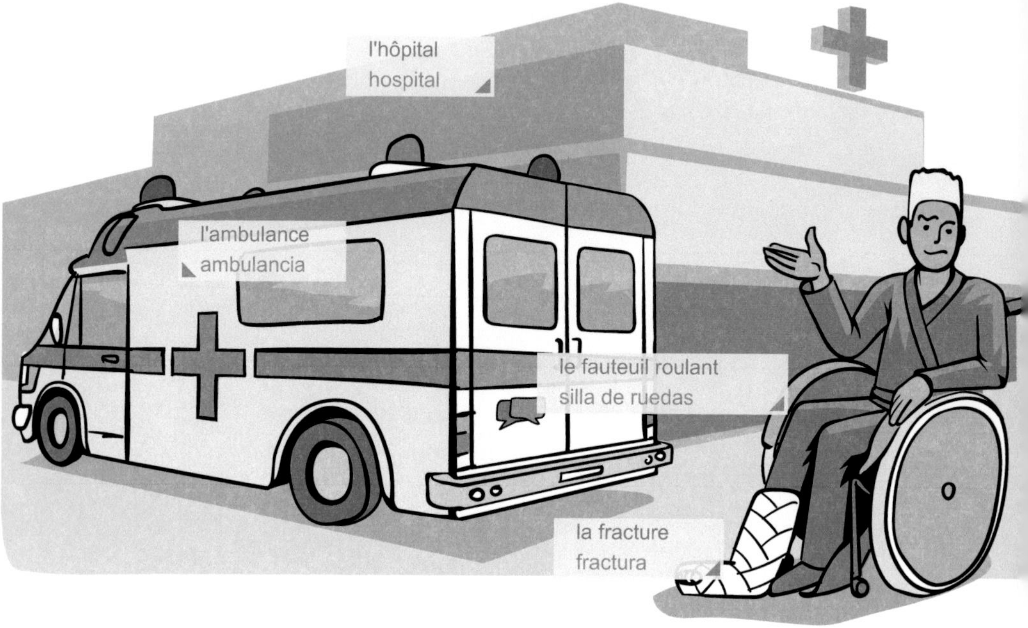

l'hôpital
hospital
l'ambulance
ambulancia
le fauteuil roulant
silla de ruedas
la fracture
fractura

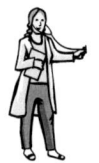

le médecin

médico

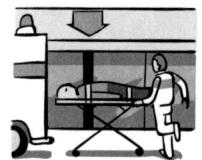

le service des urgences

sala de guardia

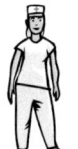

l'infirmière

enfermera

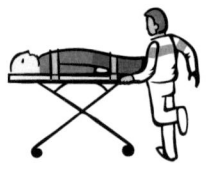

l'urgence

emergencia

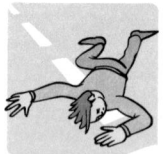

inconscient

inconsciente

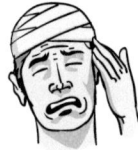

la douleur

dolor

la blessure

lesión

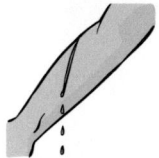

l'hémorragie

hemorragia

la crise cardiaque

infarto

l'attaque cérébrale

ACV

l'allergie

alergia

la toux

tos

la fièvre

fiebre

la grippe

gripe

la diarrhée

diarrea

le mal de tête

dolor de cabeza

le cancer

cáncer

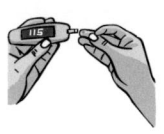

le diabète

diabetes

le chirurgien

cirujano

le scalpel

bisturí

l'opération

operación

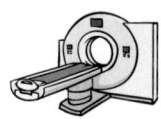

le CT

TC

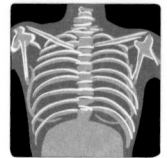

la radiographie

rayos x

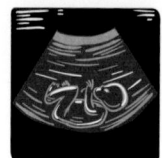

l'échographie

ecografía

le masque

barbijo

la maladie

enfermedad

la salle d'attente

sala de espera

la béquille

muleta

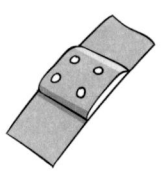

le pansement

curita

le pansement

venda

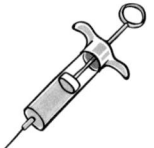

l'injection

inyección

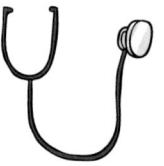

le stéthoscope

estetoscopio

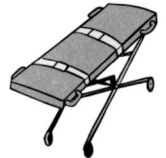

le brancard

camilla

le thermomètre

termómetro

l'accouchement

nacimiento

la surcharge pondérale

sobrepeso

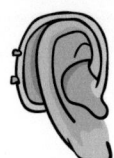

l'appareil auditif

audífono

le désinfectant

desinfectante

l'infection

infección

le virus

virus

le VIH / le sida

VIH / SIDA

le médicament

remedio

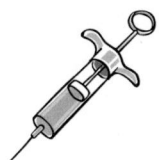

la vaccination

vacunación

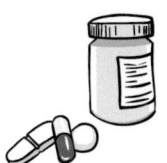

les comprimés

comprimidos

la pilule

pastilla anticonceptiva

l'appel d'urgence

llamada de emergencia

le tensiomètre

tensiómetro

malade / sain

enfermo / sano

Au secours !

¡Ayuda!

l'alarme

alarma

l'assaut

agresión

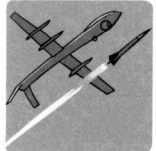

l'attaque

ataque

le danger

peligro

la sortie de secours

salida de emergencia

Au feu!

¡Fuego!

l'extincteur

matafuego

l'accident

accidente

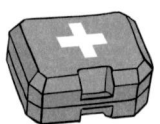

la trousse de premier secours

botiquín de primeros auxilios

SOS

SOS

la police

policía

l'Europe

Europa

l'Amérique du Nord

América del Norte

l'Amérique du Sud

América del Sur

l'Afrique

África

l'Asie

Asia

l'Australie

Australia

l'Océan atlantique

Atlántico

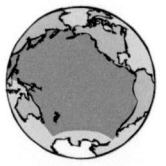

l'Océan pacifique

Pacífico

l'Océan indien

Océano Índico

l'Océan antarctique

Océano Antártico

l'Océan arctique

Océano Ártico

le Pôle nord

polo norte

le Pôle sud

polo sur

l'Antarctique

Antártida

la terre

Tierra

le pays

tierra

la mer

mar

l'île

isla

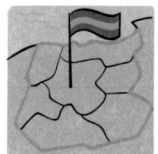

la nation

nación

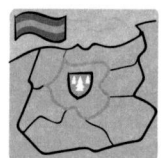

l'état

estado

le cadran

esfera

l'aiguille des heures

manecilla de las horas

l'aiguille des minutes

minutero

l'aiguille des secondes

segundero

Quelle heure est-il ?

¿Qué hora es?

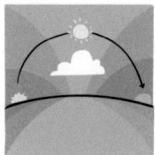

le jour

día

le temps

hora

maintenant

ahora

la montre digitale

reloj digital

la minute

minuto

l'heure

hora

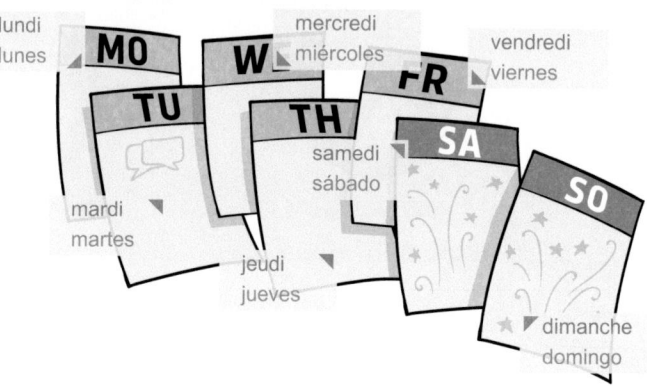

lundi
lunes

mercredi
miércoles

vendredi
viernes

mardi
martes

samedi
sábado

jeudi
jueves

dimanche
domingo

hier

ayer

aujourd'hui

hoy

demain

mañana

le matin

mañana

le midi

mediodía

le soir

tarde

MO	TU	WE	TH	FR	SA	SU
1	2	3	4	5	6	7
8	9	10	11	12	13	14
15	16	17	18	19	20	21
22	23	24	25	26	27	28
29	30	31	1	2	3	4

les jours ouvrables

días hábiles

MO	TU	WE	TH	FR	SA	SU
1	2	3	4	5	6	7
8	9	10	11	12	13	14
15	16	17	18	19	20	21
22	23	24	25	26	27	28
29	30	31	1	2	3	4

le week-end

fin de semana

la pluie
lluvia

l'arc-en-ciel
arco iris

la neige
nieve

le vent
viento

le printemps
primavera

l'automne
otoño

l'été
verano

l'hiver
invierno

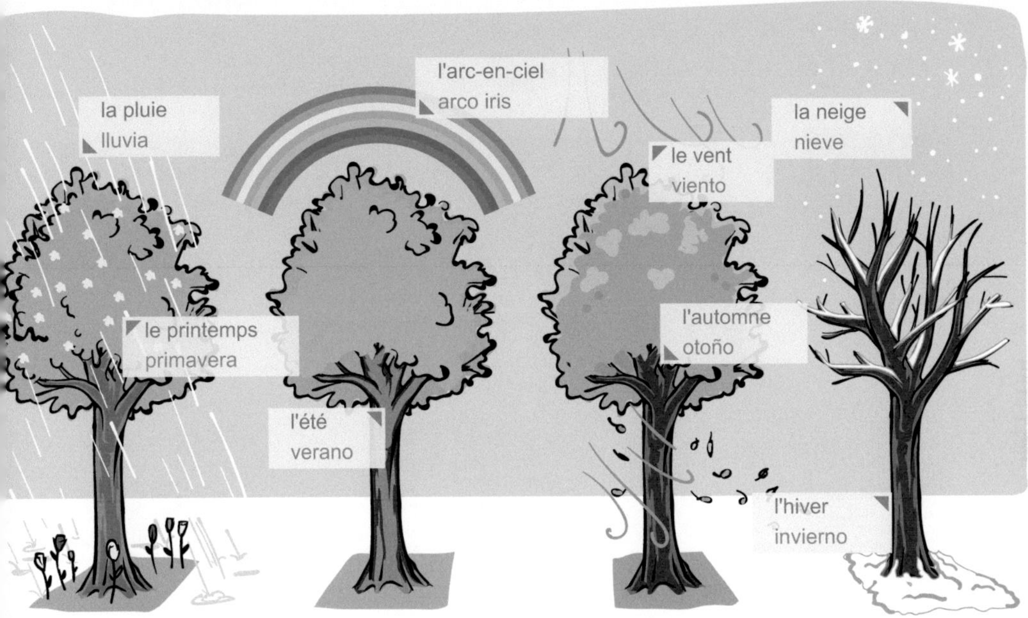

la météo

pronóstico meteorológico

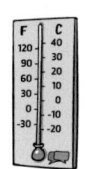

le thermomètre

termómetro

la lumière du soleil

luz del sol

le nuage

nube

le brouillard

niebla

l'humidité

humedad

la foudre

rayo

la tonnerre

trueno

la tempête

tormenta

la grêle

granizo

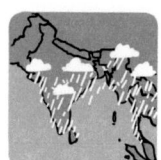

la mousson

monzón

l'inondation

inundación

la glace

hielo

janvier

enero

février

febrero

mars

marzo

avril

abril

mai

mayo

juin

junio

juillet

julio

août

agosto

septembre
septiembre

octobre
octubre

novembre
noviembre

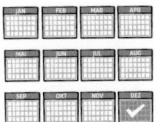

décembre
diciembre

les formes
formas

le cercle
círculo

le carré
cuadrado

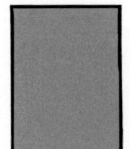

le rectangle
rectángulo

le triangle
triángulo

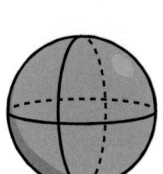

la sphère
esfera

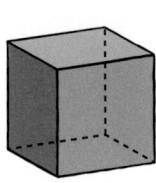

le cube
cubo

blanc
....
blanco

jaune
....
amarillo

orange
....
naranja

rose
....
rosa

rouge
....
rojo

violet
....
violeta

bleu
....
azul

vert
....
verde

marron
....
marrón

gris
....
gris

noir
....
negro

beaucoup / peu

mucho / poco

fâché / calme

enojado / tranquilo

joli / laid

lindo / feo

le début / la fin

principio / fin

grand / petit

grande / chico

clair / obscure

claro / oscuro

frère / soeur

hermano / hermana

propre / sale

limpio / sucio

complet / incomplet

completo / incompleto

le jour / la nuit

día / noche

mort / vivant

muerto / vivo

large / étroit

ancho / angosto

comestible / incomestible

comestible / no comestible

méchant / gentil

malo / amable

excité / ennuyé

entusiasmado / aburrido

gros / mince

gordo / flaco

le premier / le dernier

primero / último

l'ami / l'ennemi

amigo / enemigo

plein / vide

lleno / vacío

dur / souple

duro / blando

lourd / léger

pesado / liviano

faim / soif

hambre / sed

malade / sain

enfermo / sano

illégal / légal

ilegal / legal

intelligent / stupide

inteligente / estúpido

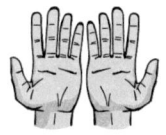

gauche / droite

izquierda / derecha

proche / loin

cerca / lejos

les oppositions - opuestos

nouveau / usé

nuevo / usado

rien / quelque chose

nada / algo

vieux / jeune

viejo / joven

marche / arrêt

encendido / apagado

ouvert / fermé

abierto / cerrado

faible / fort

silencioso / ruidoso

riche / pauvre

rico / pobre

correct / incorrect

correcto / incorrecto

rugueux / lisse

áspero / suave

triste / heureux

triste / contento

court / long

corto / largo

lent / rapide

lento / rápido

mouillé / sec

mojado / seco

chaud / froid

caliente / frío

la guerre / la paix

guerra / paz

0

zéro

cero

1

un / une

uno

2

deux

dos

3

trois

tres

4

quatre

cuatro

5

cinq

cinco

6

six

seis

7

sept

siete

8

huit

ocho

9

neuf

nueve

10

dix

diez

11

onze

once

12

douze

doce

13

treize

trece

14

quatorze

catorce

15

quinze

quince

16

seize

dieciséis

17

dix-sept

diecisiete

18

dix-huit

dieciocho

19

dix-neuf

diecinueve

20

vingt

veinte

100

cent

cien

1.000

mille

mil

1.000.000

le million

millón

l'anglais

inglés

l'anglais américain

inglés americano

le chinois mandarin

chino mandarín

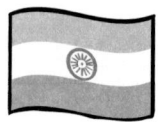

le hindi

hindi

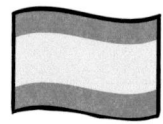

l'espagnol

español

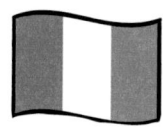

le français

francés

l'arabe

árabe

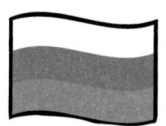

le russe

ruso

le portugais

portugués

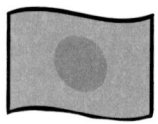

le bengali

bengalí

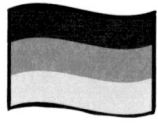

l'allemand

alemán

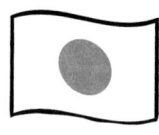

le japonais

japonés

je
yo

tu
vos

il / elle / ce, c', cela
él / ella

nous
nosotros

vous
ustedes

ils / elles
ellos

Qui ?
¿quién?

Quoi ?
¿qué?

Comment ?
¿cómo?

Où ?
¿dónde?

Quand ?
¿cuándo?

le nom
nombre

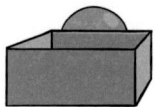

derrière

detrás

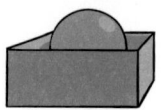

dans

en

devant

adelante de

au-dessus

por encima de

sur

sobre

en-dessous

debajo de

à côté de

al lado de

entre

entre

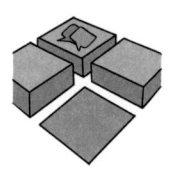

le lieu

lugar